짐벤튼의
엽기 과학자
프래니

① 엽기 실험 따라잡기

게임북

놀라운 상상력을 지닌 꼬마 과학자
_____의 책입니다.

사파리

엽기 실험 100배 즐기기

프래니의 엽기 실험을 따라잡기에 앞서
몇 가지 준비물을 미리 챙겨 두면 더욱 좋아요.

✂ 가위와 풀

가위와 풀을 미리 준비해 두면, 더 쉽게 자르고 오리고 붙이며 놀 수 있어요.

🖍 크레파스나 색연필

색연필이나 사인펜, 크레파스, 물감 등 여러분이 좋아하는 미술 재료를 준비해 마음껏 그림도 그려 보아요.

📚 프래니 시리즈

《엽기 과학자 프래니》 시리즈를 옆에 놓고 책을 찾아보면서 답을 적는 것도 좋은 방법이지요.

😈 부모님이나 친구의 도움

여러분이 하기 어려운 세밀한 작업은 부모님의 도움을 받으면 좋을 거예요. 또 실험을 함께할 친구도 찾아보아요!

😈 유머 감각

난센스 퀴즈를 풀기 위해서는 재치와 유머가 필요해요! 여러분의 유머 감각을 최대한 동원해 보아요.

더 재미있게 해 보아요.

★ 무시무시한 스티커 붙이기

박쥐, 해골, 눈알 등이 있는 스티커를 늘 갖고 다니는 공책, 필통 등에 붙여 으스스하게 꾸며 보아요.

프래니의 엽기 실험 엿보기

실험에 앞서 각종 실험 도구를 잔뜩 준비해 놔요.
김을 푹푹 내뿜는 커다란 시험관, 이상한 거품이 부글부글 끓어 오르는 비커, 딱딱 소리를 내는 전기 장치들이 있지요.

가끔 아이디어가 떠오르지 않으면 이리저리 고민에 잠길 때도 있어요.

책을 보며 열심히 공부하죠.
멋진 실험과 발명을 하기 위해서는 끊임없이 공부해야 한답니다.

본격적인 실험에 들어가기 앞서 몇 가지 계산을 하고 설계도를 그려요.

계획에 맞게 실험을 진행한답니다. 위험한 재료가 섞여 있을지 모르니 조심해야 해요.

실험 결과를 정리해 선생님 앞에서 멋지게 설명해요. 가장 뿌듯하고 보람 있는 순간이지요!

존경하는 인물

프래니가 가장 존경하는 과학자 이름의 자음과 모음을 모아 놓았어요.
그런데 장난꾸러기 조수 이고르가 된소리 자음을 섞어 놓았네요.
된소리 자음을 빼서 프래니가 존경하는 과학자가 누구인지 써 보아요.

ㅇㄸㅏㅇㅣㄴㄲㅅㅠㅃㅌㅉㅏㅇㅣㄴ

답 : _____

경고를 명심하라

프래니는 새로운 발명품에 암호로 경고문을 써 두었어요.
암호를 풀어 발명품을 작동해 보아요.

정답은 62쪽에 있어요.

엽기 과학 실험 1교시

이 실험에서는 도와줄 친구가 필요해요.
도우미 친구와 재미있는 실험을 함께해 보아요.

🔍 준비물
1리터짜리 빈 페트병 2개, 압정 1개, 풍선 3~4개

📢 이렇게 해 보아요.

1. 실험하기 전에 한 개의 페트병에만 압정으로 작은 구멍을 뚫어요. 도우미 친구가 눈치 채지 못하게 몰래 해야 해요.
2. 구멍 뚫은 페트병을 갖고, 도우미 친구에게는 구멍을 뚫지 않은 페트병과 풍선을 주어요.
3. 풍선을 페트병 안에 넣은 다음, 풍선 입구를 바깥쪽으로 뒤집어 병 입구를 감싸요.
4. 도우미 친구와 동시에 풍선을 불어 보아요.

✏️ 프래니 노트

도우미 친구는 풍선을 제대로 불 수 없어. 왜냐하면 병 안에 이미 들어 있는 공기가 새로 불어넣는 공기를 밀어내거든. 그런데 네가 가진 페트병은 미리 뚫어 놓은 구멍으로 병 안에 있던 공기가 빠져나가 풍선이 부풀어 오를 공간이 생겨 잘 불어질 거야. 어때, 신기하지?

괴물이 좋아하는 주스

괴물이 좋아하는 으깬 벌레 주스를 만들어 보아요.

🔍 준비물
딸기 1팩, 오렌지 주스 1캔, 사이다 1리터,
건포도 또는 벌레처럼 보일 수 있는 다른 재료 1컵,
얼린 블루베리 1컵

잠깐!
구할 수 없는 준비물은 대신할 수 있는 재료를 생각해 보아요.

이렇게 해 보아요.

1. 큰 그릇에 딸기를 넣고 숟가락으로 으깨요.
2. 으깬 딸기에 오렌지 주스와 사이다를 섞은 뒤 잘 저어요.
3. 건포도와 블루베리를 다른 그릇에 넣고 으깨요. 이때 너무 잘게 으깨지 않아야 해요.
4. 3에서 만든 것을 두세 숟가락 가득 퍼서 컵에 담은 뒤, 2에서 만든 음료를 부어요.

자, 이제 맛있게 쭉 들이켜요!
(벌레 맛이 아주 일품이죠?)

이상한 이름 짓기

프래니네 집에는 특이하게 생긴 생물들이 잔뜩 있어요.
이름 모를 생물들에게 멋진 이름을 지어 줘 볼까요?

이름: _____

이름: _____

이름: _____

이름: _____

분자 이름을 찾아라

프래니는 여러 물질을 섞어 실험해 보는 것을 아주 좋아해요.
실험에서는 우리가 흔히 사용하는 것들도 어려운 기호로 쓰인답니다.

프래니가 실험할 때 자주 쓰는 여러 화합물을 모아 놓았어요. 화합물의 이름과 우리가 아는 이름을 찾아 짝지어 보아요.

NaCl
부엌에서 흔히 볼 수 있어요.
짠맛이 나지요.

H_2O
우리가 마실 수 있고, 그 안에서
목욕이나 수영도 할 수 있어요.

O_2
숨을 들이쉴 때
우리 몸속으로 들어와요.

$C_{12}H_{22}O_{11}$
음, 달콤해!

$NaHCO_3$
요리할 때나
과학 실험할 때도 써요.

C
딱딱하고 짙은 회색빛을 띠며
주로 공부할 때 써요.

• 설탕
(자당)

• 베이킹소다
(탄산수소나트륨)

• 탄소
(흑연, 연필심)

• 소금
(염화나트륨)

• 물

• 산소

정답은 62쪽에 있어요.

네모가 될 수 있을까?

엽기 과학자 프래니가 셀리 선생님에게 퀴즈를 냈어요.
우리도 함께 퀴즈를 풀어 보아요.

점선을 따라 오린 뒤 모양들을
마구 섞어요. 그리고 다시
정사각형 모양으로 만들어 보아요!
과연 쉽게 만들 수 있을까요?

이야기를 완성하라

프래니가 자신의 비밀 실험 경험담을 들려 주었어요.
오싹오싹한 이야기였는데 천둥이 치는 바람에 제대로 못 들었지 뭐예요.
빈칸에 알맞은 단어를 넣어서 으스스한 이야기를 완성해 보아요.

나는 며칠 전 밤에 비밀 실험을 했어. 햄스터에게 아주 빨리 달리는 약을 만들어 주려고 말이야. 햄스터 이름은 _____인데, 아주 _____해. 내가 만드는 약에는 아주 특별한 재료가 세 가지 들어가는데, 그건 바로 _____(와)과 _____색을 띤 _____다리털 그리고 잘근잘근 씹은 _____(이)야. 나는 큰 양동이에 재료를 부어 잘 섞은 뒤 가장 중요한 _____(을)를 넣고 오븐에서 _____시간 동안 데웠어. 그것은 마치 _____(이)가 섞인 _____냄새와 비슷했지. 내가 이 약을 _____에게 먹이려고 하는 순간, 갑자기 _____하더니 침대 밑으로 숨어 버리더군. 그 바람에 실수로 이 약을 내가 아끼는 _____에 약간 쏟았는데, 그것이 그만 _____(으)로 변해 버리지 뭐야. 햄스터 _____(이)가 이 약을 먹지 않아 천만다행이야. 아무래도 잘근잘근 씹은 _____ 대신 곰팡이 핀 _____(을)를 넣을 걸 그랬나 봐.

같은 그림 찾기 1

학교에 게호박 괴물이 나타났어요! 그런데 똑같이 생긴
게호박 괴물 두 마리를 찾아 없애야 다른 괴물들도 사라진대요.
똑같이 생긴 게호박 괴물을 찾아 동그라미로 표시해 보아요.

정답은 62쪽에 있어요.

가로세로 낱말 퍼즐

주어진 도움말을 보고 낱말 퍼즐을 완성해 보아요.

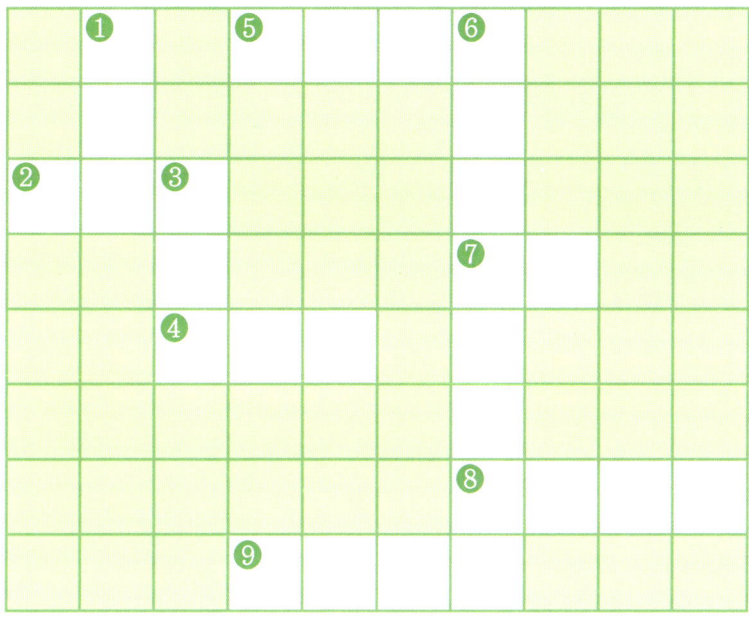

🔍 가로 도움말

❷ 뭐든지 크게 만들어 버리는 기계. 이것 때문에 큐피드의 몸이 거대하게 커져요.
❹ 프래니를 돕는 충실한 조수 이름.
❺ 프래니가 과외 활동으로 배우는 악기 이름. 입으로 바람을 넣어 연주해요.
❼ 투명 인간이 된 프래니는 붉은색 소스인 ○○을 맞아 모습이 드러나고 말지요.
❽ 시간을 거스르는 장치 '뾰로롱'을 다른 말로 ○○○○이라 합니다.
❾ 우정과 사랑을 표현하는 날. ○○○○데이.

🔍 세로 도움말

❶ 프래니가 만든 변신 인형 2호. 껴안으면 끈적끈적한 액체가 쏟아져요.
❸ 프래니는 뭐든지 작게 만드는 이 장치를 이용해 이고르 몸속으로 들어가지요.
❻ 엽기 과학자 프래니의 정식 이름.

정답은 62쪽에 있어요.

엽기 과학 실험 2교시

우리 뇌는 착각을 일으키기도 해요.
이 착각을 이용해 재미있는 뇌 실험을 해 보아요.

준비물
작은 구슬 1개, 친구 1명

이렇게 해 보아요.
1. 친구한테 눈을 감게 한 뒤 집게손가락과 가운뎃손가락을 꼬게 해요.
2. 꼬아 놓은 손가락 사이에 구슬을 얹어요.
3. 친구에게 구슬이 몇 개 만져지는지 물어보아요.

프래니 노트
친구는 아마도 구슬을 2개 만지고 있다고 느낄 거야. 왜냐하면 손가락을 꼬면 우리 뇌는 손가락으로 만지고 있는 물체가 1개인지 2개인지 헷갈리거든.

순서를 뒤바꾸지 마라

프래니가 이름을 바꾸려고 과거로 돌아갔어요.
그런데 시간 여행이 완전히 잘못돼 버렸네요! 어쩌죠?

모든 것이 뒤죽박죽 엉망이 되기 전에 얼른 바로잡아야 해요. 각각의 일을 일어난 순서에 맞게 다시 맞춰 보아요.

바퀴가 발명되다.　　　　　　　　　　　1

프래니가 이고르를 만나다.　　　　　　　2

공룡이 지구를 지배하다.　　　　　　　　3

프래니 가족이 수선화길에 이사 오다.　　4

인간이 달에 착륙하다.　　　　　　　　　5

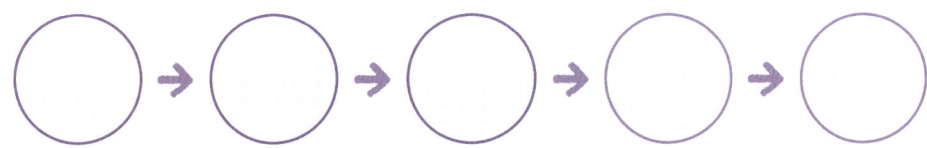

정답은 63쪽에 있어요.

정사각형 퍼즐 1

프래니가 원소 퍼즐을 맞추고 있어요. 조금 어려워 보이지만 알고 보면 간단하답니다. 프래니와 함께 도전해 보아요!

원소 이름이 4가지 있어요. 이 원소의 이름은 커다란 정사각형의 가로줄과 세로줄에 각각 한 번씩만 쓸 수 있어요. 그리고 4칸으로 만든 작은 정사각형 안에도 원소의 이름을 각각 한 번씩만 쓸 수 있어요.

Au(금)   Pb(납)
O(산소) He(헬륨)

부모님이 도와주세요.

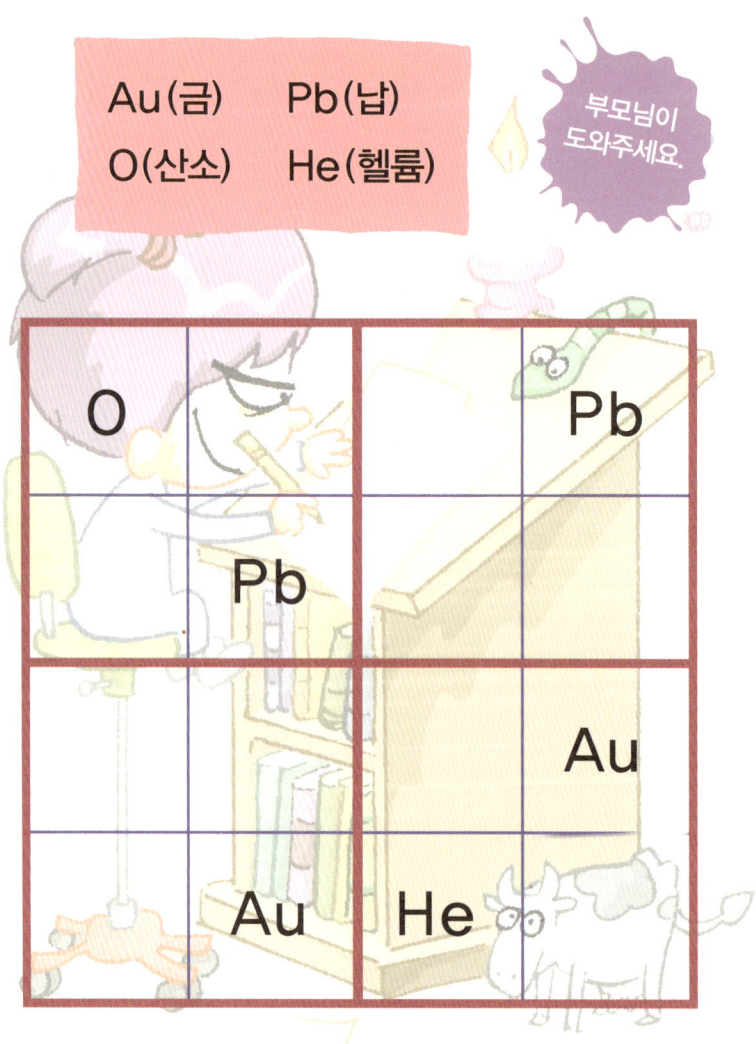

정답은 63쪽에 있어요.

같은 그림 찾기 2

프래니가 코끼리 인형에 눈알을 몇 개 더 그려 코끼리 괴물로 만들어 버렸어요.
4개의 코끼리 괴물 가운데 똑같이 생긴 두 마리를 찾아
동그라미로 표시해 보아요.

정답은 63쪽에 있어요.

무시무시한 책

프래니 이야기에는 무시무시하고도 신기한 책들이 나와요.
책 속 내용에 맞는 제목을 찾아 짝지어 보아요.
프래니 책 1권과 3권을 참고해도 좋아요.

제 목	책 속 내용

괴물 제작 기술
모음집

나쁜 유령은 없다!
애완유령 길들이기

어린이를 위한
기계 악마와
위험한 로봇

우주 비행사들을
위한 초밥 요리법

정답은 63쪽에 있어요.

점심 메뉴를 찾아라!

프래니가 새로 전학 간 학교 친구들과 친하게 지내기 위해 모두가 좋아할 만한 맛있는 점심 도시락을 준비했어요.

과연 어떤 메뉴를 준비했을까요? 각 그림의 이름을 적은 뒤, 바탕색이 칠해진 네모 칸의 글자들을 이어 보면 프래니가 준비한 점심 메뉴를 알 수 있어요.

답: _____ 와 _____

정답은 63쪽에 있어요.

정사각형 퍼즐 2

프래니가 원소 퍼즐을 맞추고 있어요. 조금 어려워 보이지만 알고 보면 간단하답니다. 프래니와 함께 도전해 보아요!

원소 이름이 4가지 있어요. 이 원소의 이름은 커다란 정사각형의 가로줄과 세로줄에 각각 한 번씩만 쓸 수 있어요. 그리고 4칸으로 만든 작은 정사각형 안에도 원소의 이름을 각각 한 번씩만 쓸 수 있어요.

Cu(구리)   Fe(철)
Ni(니켈)   Ag(은)

부모님이 도와주세요.

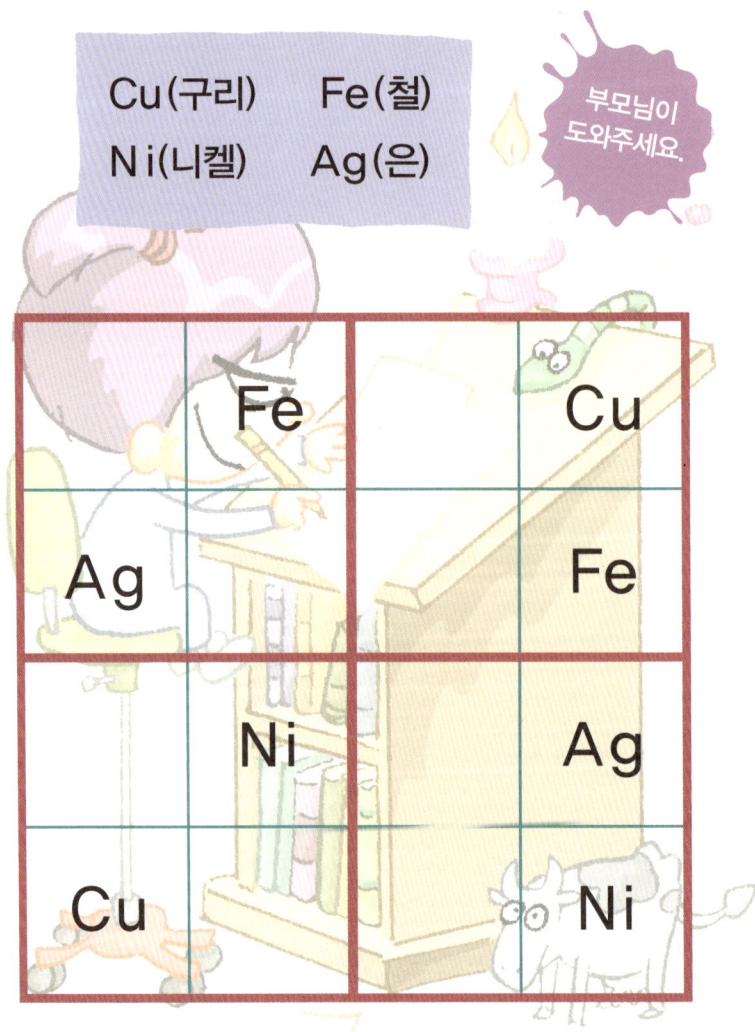

정답은 64쪽에 있어요.

오싹오싹 난센스 퀴즈 1

겁이 나도록 무섭게 생긴 괴물이 뛸 때마다 숨이 차는 이유는?

도시락 괴물이 쭈글쭈글하게 생긴 까닭은?

괴물이 좋아하는 비는 무슨 비일까?

햄 괴물이 총을 든 프래니에게 하는 말은?

정답은 64쪽에 있어요.

이고르의 미로 찾기

큐피드가 이고르의 꽁무니를 바짝 쫓고 있네요!
이고르가 아기 천사에게서 도망칠 수 있도록 화살
미로에서 빠져나가는 길을 찾아 주어요!

동그라미 수수께끼 1

게호박 괴물이 목이 말라 화가 났어요. 게호박 괴물이 즐겨 마시는 음료의 이름은 무엇일까요? 함께 찾아보아요.

▼표시에서 시작해 시계 방향으로 세 번째에 있는 자음이나 모음을 순서대로 적으면 답을 알 수 있어요.

답 : _____

정답은 64쪽에 있어요.

단어를 찾아라 1

다음은 프래니가 가장 좋아하는 과학자들의 이름이에요.
아래 글자 퍼즐에서 프래니가 좋아하는 과학자의 이름을 찾아
동그라미로 표시해 보아요. 글자는 가로, 세로, 대각선 방향으로 찾아보아요.

보어
(덴마크의 물리학자)

아인슈타인
(독일의 물리학자)

퀴리
(폴란드의 물리학자)

코페르니쿠스
(폴란드의 천문학자)

뉴턴
(영국의 물리학자)

슈뢰딩거
(오스트리아의 물리학자)

페르미
(이탈리아의 물리학자)

에디슨
(미국의 발명가)

아르키메데스
(고대 그리스의 수학자·물리학자)

슈	페	르	니	쿠	스	리	퀴	뢰	딩	미	키	메
타	미	고	네	코	뉴	서	박	테	르	정	충	진
인	여	보	어	유	페	아	인	슈	타	인	숙	아
어	병	선	우	석	페	르	미	르	보	라	아	공
보	머	선	손	키	슈	키	니	뉴	동	탱	정	뉴
뢰	퀴	에	디	딩	종	메	명	쿠	희	퀴	리	턴
딩	뢰	슈	슈	거	에	데	보	슈	스	타	인	에
슨	코	페	뢰	미	래	스	레	키	데	스	리	퀴
르	클	국	딩	태	코	뉴	리	에	디	슨	민	턴
메	데	핸	거	기	수	디	슨	현	리	미	유	석
키	메	키	거	딩	뢰	퀴	스	숙	페	턴	누	에
인	슈	타	메	데	스	리	쿠	스	르	미	보	아

정답은 64쪽에 있어요.

프래니 방을 뒤져라

프래니 방은 엽기 과학 실험 때문에 온갖 잡동사니로 가득해요.
무엇이 어디에 있는지 전혀 알 수 없을 정도지요.
아래 물건들이 어디 있는지 찾아 동그라미로 표시해 보아요.

바나나 껍질
끈끈액 한 양동이
공룡 머리뼈
나사돌리개
쥐 다섯 마리
쇠톱

정답은 65쪽에 있어요.

샌드위치가 숙제를 먹어 버리다

프래니가 땅콩버터 샌드위치에게
생명을 불어넣었는데, 그만 샌드위치가
도망치고 말았어요!
샌드위치가 앞으로 어떤 일을 벌일지
상상해서 그림을 그려 보아요.

글자를 지워라

아래 질문에 답을 한 뒤, 글자 표에서
해당하는 글자를 지워 보아요. 남아 있는 글자를 모으면
게호박 괴물이 질문한 답을 찾아낼 수 있답니다.

★ 프래니네 가족은 ＿＿＿＿＿ 의 끝에 자리한 집에 살고 있어요.

★ 프래니는 박쥐를 매우 좋아해요. 박쥐가 마치 ＿＿ 날개를 단 생쥐처럼 생겼다나요?

★ 거짓말처럼 들리겠지만, 프래니는 ＿＿ 에 가는 것을 정말로 좋아한답니다.

★ 프래니가 가장 좋아하는 과목은 수학과 ＿＿ 이에요.

★ 프래니는 새 담임 선생님인 ＿＿ 선생님을 매우 좋아하지요.

★ 프래니에게는 최고의 실험실 조수 ＿＿＿ 가 있어요.

★ 게호박 괴물은 프래니가 버린 ＿＿＿＿에서 탄생했지요.

★ 프래니는 게호박 괴물을 무찌르기 위해 ＿＿＿＿ 을 만들었어요.

질문

게호박 괴물의 몸집은 얼마만 할까요?

답 : ＿＿＿＿＿＿

정답은 65쪽에 있어요.

프래니의 논리 회로

프래니가 끈끈액 발사기를 새로 발명했어요.
그런데 용접기가 제대로 작동하지 않네요! 왜 그럴까요?

프래니의 지시를 따라가 보면 그 이유를 알 수 있답니다.

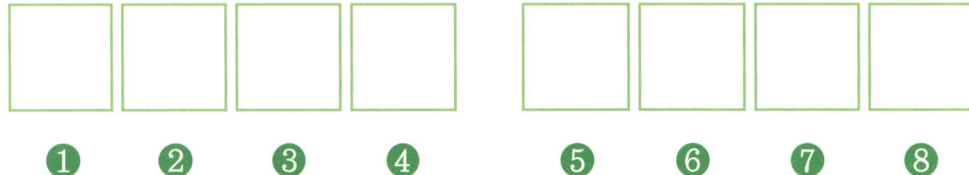

❶ ❷ ❸ ❹   ❺ ❻ ❼ ❽

정답은 65쪽에 있어요.

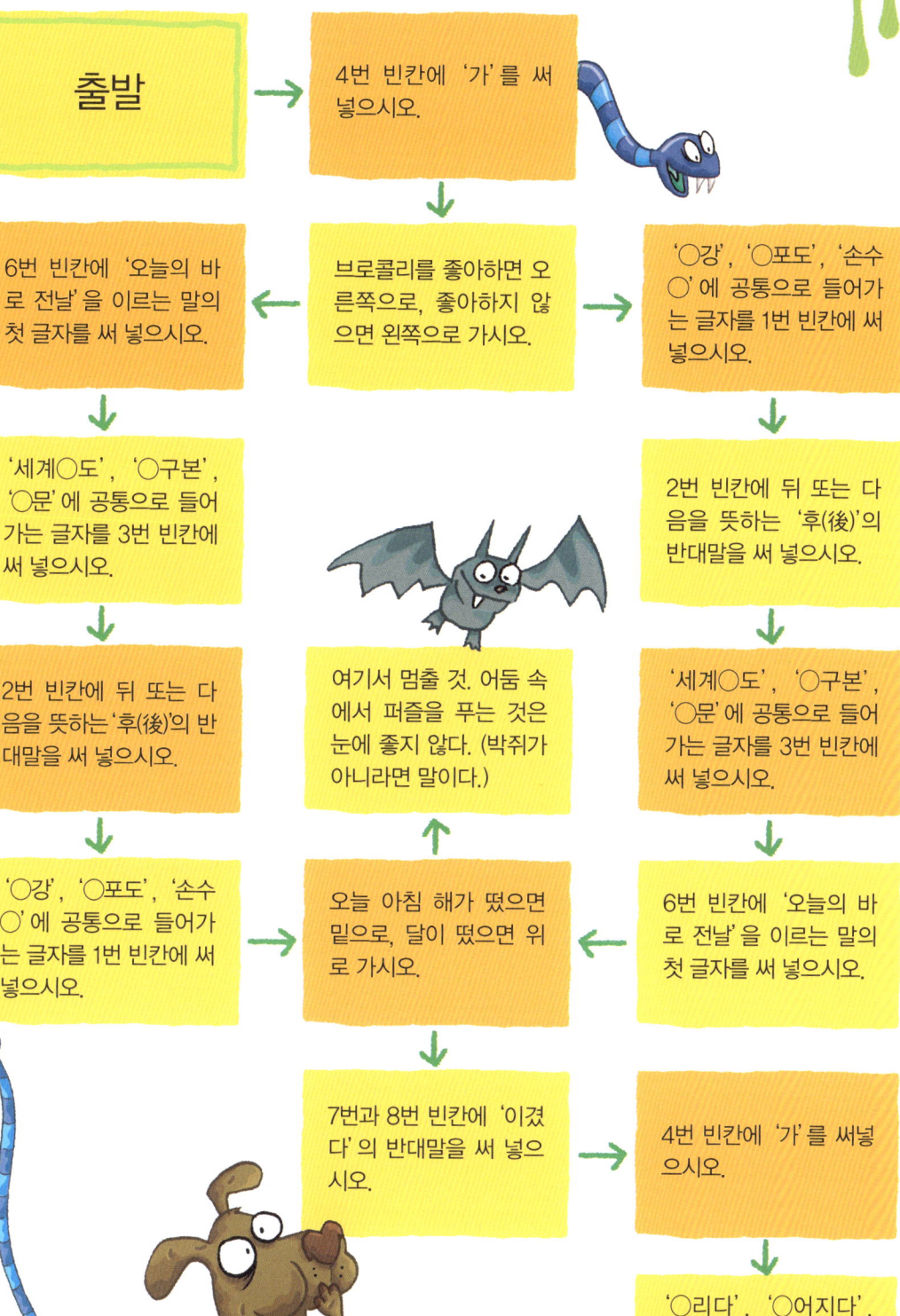

정사각형 퍼즐 3

프래니가 원소 퍼즐을 맞추고 있어요. 조금 어려워 보이지만 알고 보면 간단하답니다. 프래니와 함께 도전해 보아요!

원소 이름이 4가지 있어요. 이 원소의 이름은 커다란 정사각형의 가로줄과 세로줄에 각각 한 번씩만 쓸 수 있어요. 그리고 4칸으로 만든 작은 정사각형 안에도 원소의 이름을 각각 한 번씩만 쓸 수 있어요.

H(수소)   Na(나트륨)
Ar(아르곤)   Xe(크세논)

부모님이 도와주세요.

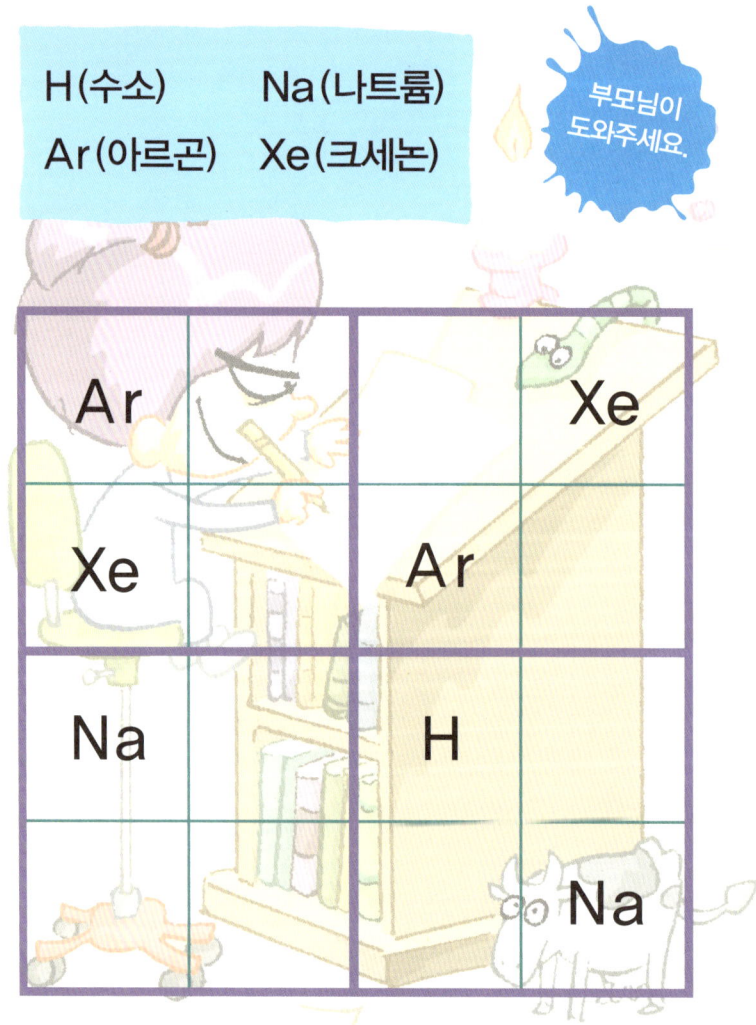

정답은 65쪽에 있어요.

단어를 찾아라 2

다음은 프래니가 즐겨 쓰는 실험 기구들이에요. 아래 글자 퍼즐에서
실험 기구의 이름을 찾아 동그라미로 표시해 보아요.
글자는 가로, 세로, 대각선 방향으로 찾아보아요.

손전등	엑스레이 검사기	원심분리기
유리병	비커	보안경
시험관	현미경	전자저울

비	켜	전	얀	기	전	리	퍼	시	커	비	레	이
미	고	네	유	캘	리	뉴	리	병	험	경	울	저
원	보	보	유	리	병	석	레	커	비	관	경	보
심	선	얀	엑	퍼	리	퍼	스	보	라	아	공	안
분	선	경	키	스	키	니	뉴	안	스	레	이	병
기	에	디	커	엑	레	현	미	경	엑	검	사	기
캘	슈	손	거	에	데	이	원	심	분	리	커	리
퍼	페	전	미	래	스	레	검	유	리	퍼	스	레
스	국	등	태	코	뉴	리	에	사	슨	민	전	자
경	미	야	푸	자	원	심	분	리	기	병	자	동
메	키	전	자	울	비	안	경	리	병	손	저	리
캘	비	커	데	레	스	엑	경	전	저	전	울	기

정답은 65쪽에 있어요.

엽기 과학 실험 3교시

돈이 저절로 움직이는 걸 본 적 있나요? 프래니와 함께 실험해 보아요.

🔍 준비물
새로 만든 지폐(빳빳한 새 지폐일수록 더 좋음), 자석

부모님이 도와주세요.

📣 이렇게 해 보아요.

1. 지폐를 반으로 접어 ㄴ자 모양으로 만들어요.
2. 책상 위에 지폐를 놓되, 접은 지폐의 반은 책상 면에 닿게 하고 나머지 반쪽은 빳빳하게 세워 놓아요.
3. 지폐를 세워 놓은 쪽에 자석을 가까이 대고 천천히 움직여 보아요.

✏️ 프래니 노트
이 실험은 지폐를 만들 때 위조 방지를 위해 산화철이 든 잉크를 쓴다는 점을 이용한 실험이야. 그래서 자석에 이끌려 돈이 움직일 수 있는 거란다.

오싹오싹 난센스 퀴즈 2

프래니가 가장 좋아하는 관은?

해골이 엑스레이를 찍으면?

해골이 받은 진단서에 적힌 병의 이름은?

게호박 괴물과 해골이 결혼해서 낳은 아이의 울음소리는?

정답은 66쪽에 있어요.

선물의 주인은 누구일까

수선화길에 살고 있는 누군가에게 선물이 도착했어요.
홀수 칸을 칠해 보면 누가 받을 선물인지 알 수 있어요.

3	109	91	2	99	108	25	41	57	97	95	16	77	75	73
13	4	27	6	15	28	64	50	66	108	71	42	16	24	21
19	6	39	8	61	32	42	40	44	76	51	98	111	31	47
55	10	125	56	107	106	70	88	15	110	109	96	17	68	30
63	100	129	58	53	124	74	86	53	112	107	64	15	93	31
33	102	23	12	41	88	104	90	41	98	36	108	48	52	20
45	17	161	60	55	24	41	7	69	5	199	106	19	91	127

정답은 66쪽에 있어요.

괴상한 질문

질문에 답하려면 ★ 표에 표시된 숫자 순서대로 글자를 선택해야 해요.
예를 들어 '프래니… ❸'이라면 세 번째 글자인 '니'를 선택하는 거지요.
글자를 모두 모으면 괴물이 사는 집 주소를 알 수 있답니다.

★ 엄마가 …………………… ❶
★ 내 방 청소를 하다가 …………………… ❸
★ 괴물로 변했어! …………………… ❶
★ 심각한 상황이었지. …………………… ❹
★ 나는 하도 겁이 나서 …………………… ❸
★ 뒤로 슬금슬금 물러났어. …………………… ❼
★ 그런데 갑자기 내 머리가 아파 왔어. …… ❾
★ 큰일이었지! …………………… ❶, ❷
★ 나도 괴물이 된 거야! …………………… ❶

질문

괴물이 사는 집의 주소는?

답 : ＿＿＿ 도 ＿＿＿＿＿ 군

＿＿＿ 면 ＿＿＿＿ 리

정답은 66쪽에 있어요.

뒤죽박죽 엉킨 글자

프래니는 친구와 소프트볼을 할 때 야구공 대신 이것으로 하면 재미있을 거라고 생각했어요. 밸런타인데이에 초콜릿 덮인 알사탕 대신 이것을 선물해도 재미있을 텐데요. 이것은 무엇일까요?

뒤죽박죽 섞여 있는 글자를 의미가 통하도록 순서를 바꾼 뒤, 번호에 맞게 네모 칸에 써 보아요. 동그라미가 표시된 글자를 모으면 정답을 알 수 있어요.

① 통령대
② 지반의왕제
③ 디라오
④ 이징베
⑤ 린어이
⑥ 깨비눈진
⑦ 사알탕

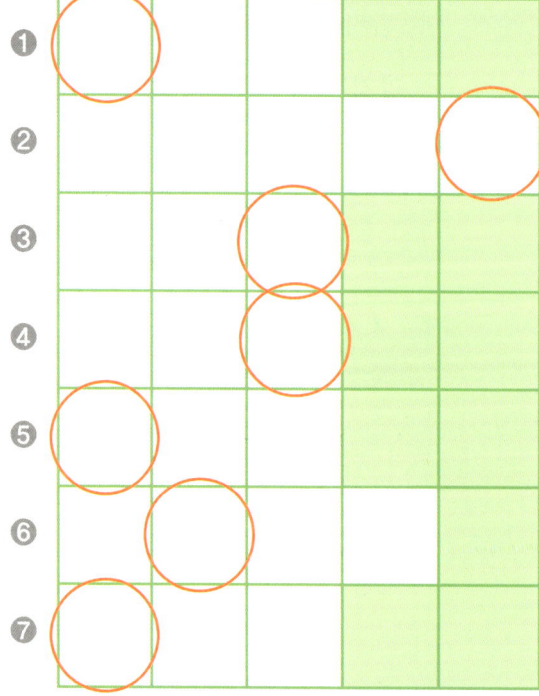

답 : _____

정답은 66쪽에 있어요.

책상을 찾아서

프래니의 방은 언제나 실험 기구들이랑 온갖 발명품으로 가득해요. 그래서 책상을 찾기도 어려울 지경이랍니다.

프래니와 이고르가 미로를 뚫고 책상을 찾을 수 있도록 길을 안내해 주어요.

정답은 66쪽에 있어요.

엽기 과학 실험 4교시

프래니는 아침밥으로 시리얼을 먹어요. 시리얼 속에
과연 무엇이 들어 있는지 한번 알아볼까요?

준비물

철분 강화 시리얼,
투명한 지퍼 백, 종이 1장, 자석

잠깐!
자석은 컴퓨터 가까이에 두지 말아요.

이렇게 해 보아요.

1. 지퍼 백에 시리얼을 한 컵 붓고 입구를 잘 닫아요.
2. 시리얼을 최대한 잘게 부수어요.
3. 잘게 부순 시리얼을 종이 위에 부어요.
4. 종이 밑에 자석을 대고 천천히 앞뒤로 움직여 보아요.

프래니 노트

조그마한 검은색 가루가 움직이는 게 보이니? 그게 바로 시리얼에 첨가된 철 성분이야. 먹는 시리얼에 든 철 성분도 자석을 대면 움직인다고.

비법을 공개하라

프래니는 멋진 발명품을 만들 때 꿀, 바닐라, 젤리, 탄산음료 같은 평범한 음식을 재료로 사용해요. 여러분은 어떤 재료로 어떤 발명품을 만들 수 있나요?

아래 빈칸에 여러분만의 재료와 그 재료로 만들 수 있는 독특한 발명품을 상상해서 써 보아요.

재료   발명품

암호를 풀어라

프래니가 엄마에게 암호로 메시지를 남겨 놓았어요.
프래니 엄마가 쉽게 읽을 수 있도록 암호를 풀어 보아요.

정답은 66쪽에 있어요.

그것만은 할 수 없어!

이고르는 프래니 흉내 내기가 취미예요. 그래서 종종 프래니의 옷을 입거나 프래니의 행동을 따라서 하지요.

하지만 이고르가 도무지 따라서 할 수 없는 프래니의 행동이 하나 있어요. 과연 무엇일까요?

쟝지노 베부

1. 첫 번째 단어의 자음을 각각 한글의 자음 순서로 보았을 때 바로 앞에 있는 자음으로 바꾸어요. 단, 받침은 바꾸지 않아요.

2. 1에서 바꾼 첫 번째 단어 세 글자를 의미가 통하도록 순서를 바로잡아요.

3. 두 번째 단어의 자음을 모두 한글의 자음 순서상 바로 뒤에 있는 자음으로 바꾸어요.

답: _____ _____

정답은 66쪽에 있어요.

오싹오싹 난센스 퀴즈 3

드라큘라, 프랑켄슈타인, 해골, 좀비 가운데 가장 계급이 높은 것은?

'뱀에게 불이 났다'를 영어로 표현하면?

게 호박 괴물에게 가장 잘 어울리는 직업은?

바다 괴물이 가장 좋아하는 소리는?

정답은 66쪽에 있어요.

괴상한 단어 만들기

프래니가 화학물질을 섞듯이 단어도 섞을 수 있을까요?
양쪽에 놓인 단어를 골라 여러분만의 괴상한 단어를
만들어 빈칸에 써 보아요.

야구
땅콩
맥박
쓰레기
무릎
햇빛

샌드위치
측정기
방망이
보호대
가리개
수거함

먹으면 먹을수록

프래니는 이고르에게 저녁 내내 뭔가를 먹였어요.
그런데도 이고르는 배가 부르다고 하기는커녕 투덜대기만 했어요.
과연 이고르는 뭘 먹은 걸까요? 숫자에 해당하는 글자를
순서대로 써 보면 알 수 있어요.

ㄱ	ㄴ	ㄷ	ㄹ	ㅁ	ㅂ	ㅅ	ㅇ	ㅈ	ㅊ	ㅋ	ㅌ	ㅍ
2	4	6	8	10	12	14	16	18	20	22	24	26

ㅎ	ㅏ	ㅑ	ㅓ	ㅕ	ㅗ	ㅛ	ㅜ	ㅠ	ㅡ	ㅣ	ㅐ	ㅔ
28	30	32	34	36	38	40	42	44	46	48	50	52

2, 2, 42, 8   12, 30, 10   16, 46, 8

10, 34, 2   16, 34, 14, 14   6, 30

답: _____ _____.

정답은 67쪽에 있어요.

동그라미 수수께끼 2

해골 부인은 해골 남편에게 잔소리하는 것이 취미예요.
해골 부인이 잔소리를 해 대는 것을 한마디로 표현하면 무엇일까요?

▼ 표시부터 시작해 시계 방향으로 세 번째에 있는 자음 또는 모음을 아래 빈칸에 순서대로 적어 보아요.

답: _____

무시무시한 장난감

프래니가 자신이 만든
인형 줄줄이를
알리려고 포스터를
만들었어요.
여러분은 어떤 엽기 발명품을
만들고 싶나요?
여러분만의 엽기 발명품을
포스터로 그려 보아요.

줄줄이

프래니가 만든
변신 인형 2호

특징 : 껴안으면
끈적끈적하고
미끈미끈한 액체가
줄줄 쏟아진다!

단어를 찾아라 3

프래니가 만든 발명품을 적어 보니 제법 많네요. 아래의 글자 퍼즐에서 발명품의 이름을 찾아 동그라미로 표시해 보아요. 글자는 가로, 세로, 대각선 방향으로 찾아보아요.

(우적우적) 줄줄이 뻥이오
짜잔 고슴도치 팬티 거미 확대기
뽀로롱 자동 조절 가위 설탕 뿌린 뱀

뽀	롱	치	줄	슴	고	절	조	가	위	잔	확	대
졸	졸	이	줄	짜	전	고	슴	도	치	팬	티	기
빵	빵	뻥	이	오	오	이	거	미	오	작	우	적
짜	전	로	롱	소	금	뽀	린	뱀	거	짜	잔	뽀
동	우	적	우	적	조	로	칼	날	전	뽀	롱	로
자	동	조	절	팬	티	거	위	뽀	로	롱	로	자
동	작	그	만	티	오	이	미	절	절	이	확	동
조	절	가	유	스	가	슴	도	확	팬	티	대	조
절	탕	뿌	린	뱀	진	짜	치	대	대	기	중	절
가	위	확	대	기	줄	줄	오	짠	지	기	린	확
위	팬	티	뽕	이	오	뱀	뿌	로	롱	이	오	대
설	탕	뿌	린	뱀	오	로	롱	오	적	오	줄	그

정답은 67쪽에 있어요.

엽기 과학 실험 5교시

탄산음료로 동전을 새것처럼 만들어 보아요!

준비물
콜라 1캔, 플라스틱 컵 1개, 더러운 동전 3~4개

부모님이 도와주세요.

이렇게 해 보아요.
1. 플라스틱 컵에 콜라를 반 정도 채워요.
2. 동전을 콜라 안에 떨어뜨려요.
3. 동전이 든 콜라 컵을 한곳에 그대로 두어요.
4. 하룻밤이 지난 다음 날 동전을 꺼내 보아요.

잠깐!
실험에 사용한 콜라는 마시지 말고 하수구에 버릴 것!

프래니 노트
어때, 동전이 깨끗해졌지? 콜라에 들어 있는 산 성분이 동전에 묻은 때를 녹여냈어. 그래서 동전이 반짝반짝 윤이 나는 것이지!

마시지 말 것

오싹오싹 난센스 퀴즈 4

프래니가 여기저기 부딪혀 멍이 든 박쥐를 보고 한 말은?

이고르가 가장 좋아하는 시장은?

프래니가 게호박 괴물을 이길 수 있는 방법은?

게호박 괴물이 녹으면 무엇이 될까?

정답은 67쪽에 있어요.

망치를 부탁해!

프래니는 충성스런 조수 이고르와 함께 새로운 실험을 했어요.
그런데 그만 실험을 망쳤지 뭐예요. 왜 그랬을까요?
다음 안내문에 따라 단어를 지워 보면 그 이유를 알 수 있답니다.

다음 단어를 지워 보아요.

신체 부위 3군데

파충류 2마리

프래니의 발명품 4가지

사람 이름 2개

| 셀리 | 손바닥 | 자꾸 | 뻥이오 | 얼굴 | 망치는 |

| 눈썹 | 짜잔 | 도마뱀 | 악어 |

| 이고르에게 | 프레디 | 오글이 | 뽀로롱 | 맡겨서 |

정답은 67쪽에 있어요.

동그라미 수수께끼 3

프래니는 예쁜 데이지나 라일락 꽃보다 파리지옥풀을 더 좋아해요.
파리지옥풀은 파리를 잡아먹는 무시무시한 풀이랍니다.
그런데 파리지옥풀보다 더 무서운 풀이 있다고 하네요.
아무리 힘센 천하장사도 이 풀이 내리누르면
이길 수 없대요. 이 풀은 과연 무엇일까요?

▼ 표시부터 오른쪽으로 세 번째에 있는 자음이나 모음을 아래 빈칸에 순서대로 적어 보아요.

답: _____

정답은 67쪽에 있어요.

엽기 과학 실험 6교시

이렇게 고집이 센 병이 있나!

🔍 준비물
다 쓴 작은 종잇조각, 빈 콜라 병

📢 이렇게 해 보아요.
1. 병 안에 들어갈 정도로 종잇조각을 뭉쳐서 공처럼 둥글게 만들어요.
2. 빈 병을 옆으로 눕혀요.
3. 종이로 만든 공을 빈 병 입구에서 10센티미터 이상 떨어진 곳에 놓은 뒤 입으로 훅 불어 병 안으로 넣어 보아요.

✏️ 프래니 노트
빈 병 쪽으로 바람을 불면 병 안에 들어 있는 공기가 바람을 다시 밀어내. 그래서 아무리 불어도 공은 병 속으로 들어가지 못해. 마치 고집 센 병이 공을 밀어내는 것처럼 말이야.

뱀을 위한 노래

프래니는 뱀과 노는 것을 좋아해요. 그래서 뱀을 위한 노래를 지었답니다.
음표에 맞춰 글자를 배열하면 노래의 제목을 알 수 있어요.

정답은 67쪽에 있어요.

무시무시한 물약

프래니가 실험실에서 새로운 물약을 만드는 데
열중하고 있어요. 누구든 이 물약을 마시면
무시무시한 모습으로 변한다고 하네요.
만일 이고르가 이 물약을 마시면
어떤 모습으로 변할까요?
여러분의 상상력을 펼쳐 그려 보아요.

단어를 만들어라

다음 문장에 쓰인 글자들을 사용해 단어를 만들어 보아요.
과연 얼마나 많은 단어를 만들어 낼 수 있을까요?

이고르는 프래니의 충실한 조수이자 친구이다.

정답은 67쪽에 있어요.

정답을 알아보아요

7쪽

아인슈타인

8쪽

열지 마시오!
책 먹는 괴물이 들어 있음!

12쪽

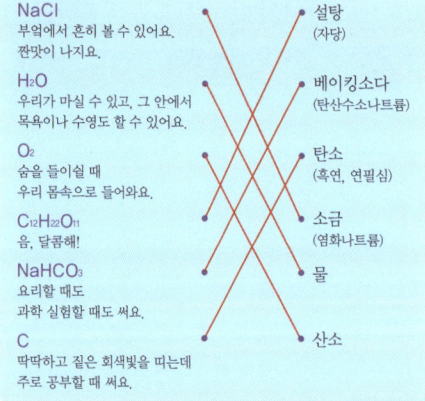

16쪽

17쪽

	❶줄		❺백	파	이	❻프	
	줄					래	
❷뺑	이	❸오				니	
		글			❼케	첩	
		❹이	고	르		이	
						스	
					❽타	임	머	신
			❾밸	런	타	인	

19쪽

20쪽

O	He	Au	Pb
Au	Pb	O	He
He	O	Pb	Au
Pb	Au	He	O

21쪽

23쪽

게호박괴물
백파이프
브로콜리
옥수수과자
프래니

호박파이와 브로콜리 수프!

22쪽

괴물 제작 기술
모음집

나쁜 유령은 없다!
애완유령 길들이기

어린이를 위한
기계 악마와 위험한 로봇

우주 비행사들을 위한
초밥 요리법

24쪽

Ni	Fe	Ag	Cu
Ag	Cu	Ni	Fe
Fe	Ni	Cu	Ag
Cu	Ag	Fe	Ni

25쪽

겁이 나도록 무섭게 생긴 괴물이 뛸 때마다 숨이 차는 이유는?
– 겁나게 뛰어서

도시락 괴물이 쭈글쭈글하게 생긴 까닭은?
– 게을러서 다림질을 안 하니까

괴물이 좋아하는 비는 무슨 비일까?
– 좀비와 도깨비

햄 괴물이 총을 든 프래니에게 하는 말은?
– 빵 쏴! (빵 사!)

26, 27쪽

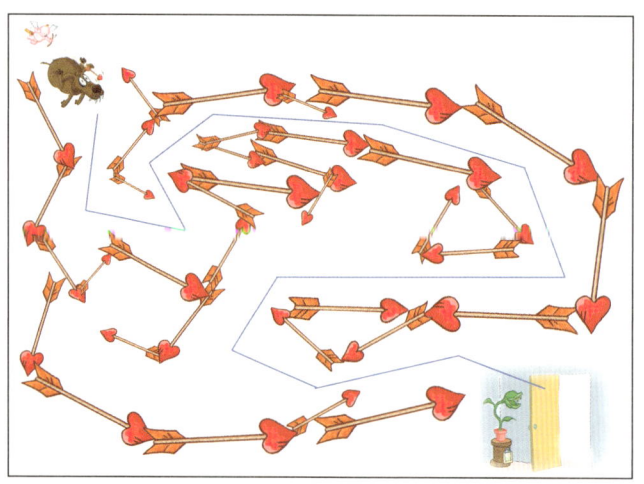

28쪽

호박맛 차

29쪽

30,31쪽

33쪽

★ 프래니네 가족은 **수선화길**의 끝에 자리한 집에 살고 있어요.
★ 프래니는 박쥐를 매우 좋아해요. 박쥐가 마치 **익룡** 날개를 단 생쥐처럼 생겼다나요?
★ 거짓말처럼 들리겠지만, 프래니는 **학교**에 가는 것을 정말로 좋아한답니다.
★ 프래니가 가장 좋아하는 과목은 수학과 **과학**이에요.
★ 프래니는 새 담임선생님인 **셸리** 선생님을 매우 좋아하지요.
★ 프래니에게는 최고의 실험실 조수 **이고르**가 있어요.
★ 게호박 괴물은 프래니가 버린 **도시락**에서 탄생했지요.
★ 프래니는 게호박 괴물을 무찌르기 위해 **햄** 괴물을 만들었어요.

게호박 괴물의 몸집은 얼마만 할까요? **게딱지만 하다.**

34,35쪽

건전지가 떨어졌다.

36쪽

Ar	H	Na	Xe
Xe	Na	Ar	H
Na	Xe	H	Ar
H	Ar	Xe	Na

37쪽

비	켜	전	얀	기	전	리	퍼	시	커	비	레	이
미	고	네	유	캘	리	뉴	리	병	험	경	울	저
원	보	보	유	리	병	석	레	커	비	관	경	보
심	선	얀	엑	스	퍼	리	퍼	스	보	라	아	공	안
분	선	경	키	스	키	니	뉴	안	스	레	이	병
기	에	디	커	엑	레	현	미	경	엑	검	사	기
캘	슈	손	거	에	데	이	원	심	분	리	커	리
퍼	페	전	미	래	스	레	검	유	리	퍼	스	레
스	국	등	태	코	뉴	리	에	사	슨	민	전	자
경	미	야	푸	자	원	심	분	리	기	병	자	동
메	키	전	자	울	비	안	경	리	병	손	저	리
캘	비	커	데	레	스	엑	경	전	저	전	울	기

39쪽

프래니가 가장 좋아하는 관은?
- 시험관

해골이 엑스레이를 찍으면?
- 증명사진

해골이 받은 진단서에 적힌 병의 이름은?
- 골병

게호박 괴물과 해골이 결혼해서 낳은 아이의 울음소리는?
- 게골게골

40쪽

3	109	91	2	99	108	25	41	57	97	95	16	77	75	73
13	4	27	6	15	28	64	50	66	108	71	42	16	24	21
19	6	39	8	61	32	42	40	44	76	51	98	111	31	47
55	10	125	56	107	106	70	88	15	110	109	96	17	68	30
63	100	129	58	53	124	74	86	53	112	107	64	15	93	31
33	102	23	12	41	88	104	90	41	98	36	108	48	52	20
45	17	161	60	55	24	41	7	69	5	199	106	19	91	127

41쪽

엄청도 괴상하군 물리면 큰일나리

42쪽

❶ 대통령
❷ 반지의제왕
❸ 라디오
❹ 베이징
❺ 어린이
❻ 진눈깨비
❼ 알사탕

대왕오징어 눈알

43쪽

46쪽

엽기 과학자라서 행복해요!

47쪽

1. 양이고
2. 고양이
3. 세수
- 고양이 세수

48쪽

드라큘라, 프랑켄슈타인, 해골, 좀비 중 가장 계급이 높은 것은?
- 드라큘라 (백작이라서)

'뱀에게 불이 났다'를 영어로 표현하면?
- 뱀파이어

게호박 괴물에게 가장 잘 어울리는 직업은?
- 엿장수 (손에 가위를 들고 있기 때문에)

바다 괴물이 가장 좋아하는 소리는?
- 뱃고동 소리

50쪽
꿀밤을 먹었다.

51쪽
해골바가지

53쪽

(word search grid)

55쪽
프래니가 여기저기 부딪혀 멍이 든 박쥐를 보고 한 말은?
- 그만 좀 들이박쥐

이고르가 가장 좋아하는 시장은?
- 벼룩시장

프래니가 게호박 괴물을 이길 수 있는 방법은?
- 주먹을 낸다. (게호박 괴물의 손이 가위이므로)

게호박 괴물이 녹으면 무엇이 될까?
- 게호박 수프

56쪽
자꾸 망치는 이고르에게 맡겨서

57쪽
눈꺼풀

59쪽
아무리 놀아도 물리지 않는 친구들

61쪽
수고, 실수, 의자, 수다, 고수, 구이, 충고, 구실 등이 있답니다. 더 찾아보아요!

FRANNY K. STEIN, MAD SCIENTIST ACTIVITY BOOK: BLUEPRINTS AND BLOOPERS
by Jim Benton
Copyright ⓒ 2006 by Jim Benton www.frannyfstein.com
All rights reserved.
This Korean edition was published by E*PUBLIC KOREA Co., Ltd(Safari) in 2019 by arrangement with J.K. Benton Design Studio, Inc., through KCC(Korea Copyright Center Inc.), Seoul.

이 책의 한국어판 저작권은 (주)한국저작권센터(KCC)를 통한 저작권자와의 독점 계약으로 (주)이퍼블릭(사파리)에 있습니다. 저작권법에 의해 한국 내에서 보호를 받는 저작물이므로 무단 전재와 복제를 금합니다.

엽기 과학자 프래니 게임북
❶ 엽기 실험 따라잡기

초판 1쇄 발행일 2008년 10월 1일
개정판 7쇄 발행일 2022년 11월 15일

글·그림 | 짐 벤튼
옮김 | U&J
펴낸이 | 유성권
편집장 | 심윤희
편집 | 송미경, 김세영, 김송이
표지 디자인 | 이수빈
본문 디자인 | design od
마케팅 | 김선우, 강성, 최성환, 박혜민, 김단희
홍보 | 김애정
제작 | 장재균
관리 | 김성훈, 강동훈
펴낸곳 | (주)이퍼블릭
출판등록 | 1970년 7월 28일(제1-170호)
주소 | 서울시 양천구 목동서로 211 범문빌딩
전화 | 02-2651-6121 / 팩스 | 02-2651-6136
홈페이지 | safaribook.co.kr
카페 | cafe.naver.com/safaribook
블로그 | blog.naver.com/safaribooks
페이스북 | facebook.com/safaribookskr
인스타그램 | @safaribook_

ISBN 979-11-6057-546-0 | 979-11-6057-552-1 (세트)

* 이 책의 내용 일부 또는 전부를 재사용하려면 반드시 저작권자와 (주)이퍼블릭 양측의 동의를 얻어야 합니다.
* 사파리는 (주)이퍼블릭의 유아·아동·청소년 출판 브랜드입니다.
* 책값은 뒤표지에 있습니다.

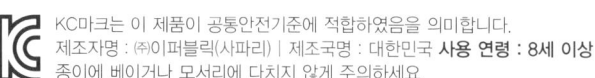

KC마크는 이 제품이 공통안전기준에 적합하였음을 의미합니다.
제조자명 : ㈜이퍼블릭(사파리) | 제조국명 : 대한민국 **사용 연령 : 8세 이상**
종이에 베이거나 모서리에 다치지 않게 주의하세요.